Alessandra Bonacci

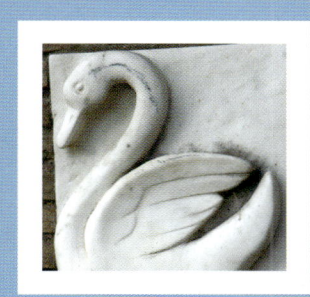

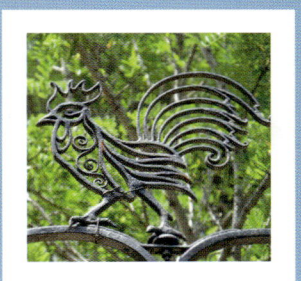

Animali a Roma

un vocabolario fotografico
tra arte, lingua, cultura
e curiosità italiane

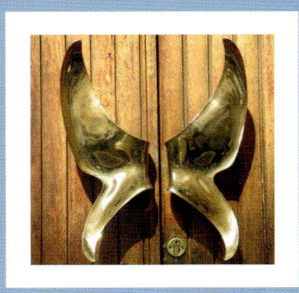

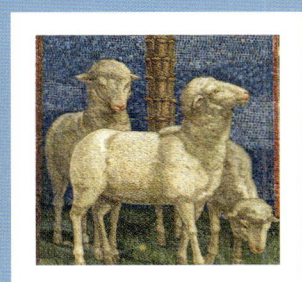

Bonacci editore

Ideazione del progetto editoriale, realizzazione delle fotografie: **Alessandra Bonacci**
Redazione delle schede: **Valeria Damiani** e **Alessandra Bonacci**
Progetto grafico, impaginazione e copertina: **Donatella Bazzucchi**

Riferimenti bibliografici:
G. Stefancich, **Tracce di animali**, Bonacci
S. Radicchi, **In Italia**, Bonacci
A. Parisi, E. Parisi, **I bambini alla scoperta degli animali a Roma nello zoo di pietra**, Palombi

I diritti di traduzione, di memorizzazione elettronica, di riproduzione e di adattamento totale o parziale, con qualsiasi mezzo (compresi i microfilm e le copie fotostatiche), sono riservati per tutti i paesi.

Le fotocopie per uso personale del lettore possono essere effettuate nei limiti del 15% di ciascun volume dietro pagamento alla SIAE del compenso previsto dall'art. 68, commi 4 e 5, della legge 22 aprile 1941 n. 633.

Le riproduzioni effettuate per finalità di carattere professionale, economico o commerciale o comunque per uso diverso da quello personale possono essere effettuate a seguito di specifica autorizzazione rilasciata da: AIDRO - Corso di Porta Romana, 108 - 20122 Milano (Italia) segreteria@aidro.org · www.aidro.org

1 (1ª edizione)

Printed in Italy
© Bonacci editore, Formello 2011
ISBN 978-88-7573-434-3

Finito di stampare nel mese di gennaio 2011
dalla CDC Arti Grafiche di Città di Castello (PG)

Bonacci editore
Via degli Olmetti 38
00060 FORMELLO (Roma)
tel: **(++39)** 06.90.75.091
fax: **(++39)** 06.90.40.03.26
e-mail: **info@bonacci.it**
http://www.bonacci.it

Animali a Roma

un vocabolario fotografico tra arte, lingua, cultura e curiosità italiane

indice

1. agnello
2. anatra
3. ape
4. aquila
5. ariete
6. bue
7. cane
8. capra
9. cavallo
10. cervo
11. cigno
12. civetta
13. coccodrillo
14. colomba
15. coniglio
16. delfino
17. drago
18. elefante
19. falco
20. farfalla
21. gallo
22. gatto
23. giraffa
24. granchio
25. leone
26. lumaca (o chiocciola)
27. lupo
28. maiale (o porco)
29. mollusco
30. oca
31. orso
32. pantera
33. pappagallo
34. pavone
35. pecora
36. pesce
37. piovra
38. ragno
39. rana
40. scimmia
41. serpente
42. tartaruga
43. tigre
44. toro
45. vacca (o mucca)

e per finire...
   lepre
   aragosta
   salamandra
   fagiano

e ancora...
   cavalluccio marino
   ippogrifo
   tacchino

dove sono gli animali?

Animali a Roma

un vocabolario fotografico tra arte, lingua, cultura e curiosità italiane

presentazione

Animali a Roma nasce da un'osservazione più attenta del ricchissimo patrimonio artistico che Roma ci offre, collegandosi successivamente alla grande e variata presenza degli animali nella lingua e nella cultura italiana.

Animali a Roma presenta 45 animali fotografati in giro per la città: da Trastevere a San Giovanni, da Villa Torlonia fino a via Ostiense, passando per il centro storico. Animali presentati attraverso varie forme d'arte (mosaici, sculture, graffiti, bassorilievi...), passando attraverso differenti epoche storiche. Alcuni famosi e conosciuti da tutti (la Lupa Capitolina), altri meno noti, nascosti e trovati spesso per caso (la giraffa e la farfalla tra questi).

Sul retro di ogni scheda, vegono riportati dei post-it con vari approfondimenti linguistici e culturali, tra cui:

UN PO' DI STORIA... dove è stata scattata la foto, aneddoti e informazioni storiche.

LO SAPEVI? curiosità legate principalmente alla cultura italiana

MODI DI DIRE ED ESPRESSIONI IDIOMATICHE una delle sezioni più ricche, con spiegazioni ed esempi.

Inoltre vengono riportati lessico, proverbi, conte, filastrocche e scioglilingua. E ancora, film, musica e letteratura, italiana e latina.

In appendice vengono presentati altri animali che sono stati trovati durante la ricerca, ma che non presentando sostanziosi riferimenti linguistici e culturali non si prestavano per l'approfondimento.

Questo vocabolario fotografico è rivolto a un pubblico di tutte le età, e si presta sia per una lettura autonoma che per un uso in classe.

Il libro si può trasformare in schede da appendere al muro, come decorazione o come materiale didattico per la classe di italiano.

La curiosità e la fantasia ci hanno guidato nella realizzazione di questo libro e ci auguriamo che possano guidare anche gli insegnanti e gli studenti che utilizzeranno **Animali a Roma**.

La ricerca degli animali presenti intorno a noi, nei palazzi, nei musei e nelle strade non finisce con queste fotografie... abbiamo volutamente lasciato della schede "in bianco" per quanti volessero continuare il gioco di ricerca.

Buon divertimento!

Le Autrici

un suggerimento per appendere le schede:

1. tagliare lungo la linea tratteggiata

2. forare la scheda

3. infilare una cordicella nel foro

4. appendere le schede fissando la cordicella

Animali a Roma • vocabolario fotografico **1**

l'agnello

Bonacci editore • www.bonacci.it

UN PO' DI STORIA...

Questo **bassorilievo** si trova nel cortile dell'Ospedale di San Giovanni di Roma, che è stato fondato nel 1348.

LO SAPEVI?

L'**agnello** è il cucciolo della **pecora**. Con **pecora** si indica l'adulto femmina, mentre il maschio della specie si chiama **ariete** o **montone**.

Agnello di Dio (Agnus Dei): nel Cristianesimo indica Gesù Cristo.

È tradizione diffusa in Italia mangiare carne di agnello il giorno di Pasqua. In molte zone dell'Italia centrale l'agnello che si mangia per Pasqua si chiama **abbacchio**.

il vello

l'agnello

CHE VERSO FA?

L'agnello **bela** (verbo **belare**). Il suo verso è il **belato**.

beeeeh!

MODI DI DIRE ED ESPRESSIONI IDIOMATICHE

Essere mite come un agnello: l'agnello è infatti il simbolo della bontà, della purezza e della pace.

Essere un agnello tra i lupi: essere una persona indifesa fra gente violenta e pericolosa.

LETTERATURA ITALIANA E LATINA

Il lupo e l'agnello
(testo adattato dalle Favole di Fedro)

Un lupo e un agnello, spinti dalla sete, si ritrovano a bere nello stesso ruscello.
Il lupo sta nella parte alta del ruscello, mentre l'agnello beve un po' più in basso, verso valle.
La fame però spinge il lupo a dare fastidio all'agnello: - Perché mi sporchi l'acqua?
L'agnello tremando risponde: - Come posso fare questo se l'acqua scorre da te a me?
- È vero, ma tu sei mesi fa mi hai insultato con brutte parole.
- Impossibile, sei mesi fa non ero ancora nato.
- Allora – riprende il lupo – è stato certamente tuo padre a rivolgermi tutte quelle offese.
Quindi salta addosso all'agnello e se lo mangia.
Questo racconto è rivolto a tutti quelli che opprimono i giusti e si nascondono dietro false scuse.

Animali a Roma • vocabolario fotografico **1** — Bonacci editore • www.bonacci.it

Animali a Roma • vocabolario fotografico **2**

l'anatra

Bonacci editore • www.bonacci.it

UN PO' DI STORIA...

Questo **mosaico** si trova nel Museo di Palazzo Massimo, una delle sedi del Museo Nazionale Romano che custodisce un'importante e bella collezione di arte classica romana.

il becco — le piume

l'anatra

LO SAPEVI?

L'anatra all'arancia, è un tipico piatto toscano.
Ha dato il titolo a un famoso film degli anni '70 con Ugo Tognazzi e Monica Vitti sui tradimenti di una coppia sposata.

CHE VERSO FA?

qua qua!

L'anatra **starnazza**
(verbo **starnazzare**)

Animali a Roma • vocabolario fotografico **2**   Bonacci editore • www.bonacci.it

Animali a Roma • vocabolario fotografico **3**

l'ape

Bonacci editore • www.bonacci.it

UN PO' DI STORIA...

Questa **scultura** si trova a Palazzo Barberini, in via delle Quattro Fontane.
L'ape è presente nello stemma di questa potente famiglia romana di origine toscana.

MODI DI DIRE ED ESPRESSIONI IDIOMATICHE

Essere operoso come un'ape: l'ape è infatti il simbolo del lavoro diligente e infaticabile.

Fare (o essere come) l'ape regina: si dice di una donna che, senza mai innamorarsi, vuole essere amata da molti uomini.

CHE SUONO FA?

L'ape **ronza** (verbo **ronzare**).
Il suono è il **ronzìo**.

bzzzzz!

le ali

il pungiglione

l'ape

LO SAPEVI?

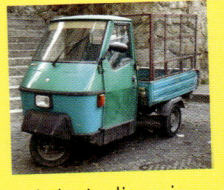

L'**Ape Piaggio** è un veicolo a tre ruote nato nel 1948, dopo la Seconda Guerra Mondiale. È utile per trasportare merci, ma anche persone (a Capri, in India e in altri paesi viene infatti usato come piccolo taxi).

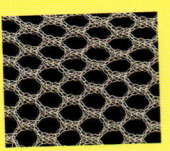

Il nido d'ape è un tessuto che ricorda, per la sua forma, l'**alveare**.

MUSICA

Come un'ape ne' giorni d'aprile

*"Come un'ape ne' giorni d'aprile
Va volando leggiera e scherzosa;
Corre al giglio, poi salta alla rosa,
Dolce un fiore a cercare per sé"*

Questa è una famosa **aria** del primo atto della *Cenerentola* di Gioacchino Rossini (1792-1868).

Animali a Roma • vocabolario fotografico **4**

l'aquila

Bonacci editore • www.bonacci.it

UN PO' DI STORIA...

Questa **scultura in bronzo** si trova in piazza del Quirinale.
Il Quirinale è il più alto dei sette colli di Roma. Sulla piazza si trova il Palazzo del Quirinale, residenza ufficiale del Presidente della Repubblica italiana.

MODI DI DIRE ED ESPRESSIONI IDIOMATICHE

Non essere un'aquila:
non essere particolarmente intelligenti.

Avere la vista d'aquila:
avere una vista acuta, come quella delle aquile.

Naso aquilino:
è caratterizzato da una gobba pronunciata.

---

le ali
le piume
il becco
gli artigli

l'aquila

LO SAPEVI?

L'aquila reale ha avuto un ruolo molto importante nella storia della simbologia europea. 
Per gli antichi romani era il simbolo del potere militare e poi dell'impero.
Per questa ragione, l'aquila è stata ripresa dal fascismo come simbolo della potenza di Roma antica.

Per la Chiesa cattolica l'aquila è simbolo dell'evangelista Giovanni e rappresenta la spiritualità.

L'aquila è anche una delle contrade (o quartieri) di Siena.

Nel calcio due sono le squadre che hanno come stemma l'aquila: la Lazio e il Palermo.

CHE VERSO FA?

aaaaaah!

l'aquila **grida**
(verbo **gridare**)

Animali a Roma • vocabolario fotografico Bonacci editore • www.bonacci.it

Animali a Roma • vocabolario fotografico **5**

l'ariete

Bonacci editore • www.bonacci.it

UN PO' DI STORIA...

Questo **capitello** si trova al Coppedé, un piccolo quartiere di Roma famoso per l'originalità architettonica che lo caratterizza (presenta elementi di arte barocca, Liberty, arte medievale e manierismo).
Il quartiere è stato realizzato dall'architetto Gino Coppedè intorno al 1915.

LO SAPEVI?

L'**ariete** (o **montone**) è il maschio della **pecora**.
Il loro cucciolo è l'**agnello**.

le corna

l'ariete

CHE VERSO FA?

L'ariete bela (verbo **belare**).
Il verso è il **belato**.

beeeeh!

MODI DI DIRE ED ESPRESSIONI IDIOMATICHE

La **testa d'ariete** è una macchina da guerra del passato formata da una trave che ha all'estremità un blocco metallico a forma di testa d'ariete. Serviva per sfondare le mura o le porte di una città assediata.

Oggi, per indicare la persona più forte di un gruppo, in grado di convincere gli altri, di rompere una resistenza, è detta **testa d'ariete**.
"Alla prossima assemblea scolastica Giovanni sarà la nostra testa d'ariete e convincerà i professori a portarci in gita."

Animali a Roma • vocabolario fotografico **6**

il bue

Bonacci editore • www.bonacci.it

UN PO' DI STORIA...

Questa **scultura** si trova nel museo della Centrale di Montemartini, in via Ostiense. Il museo si trova all'interno di una vecchia centrale elettrica costruita nei primi anni del '900.
Le sculture presenti sono esposte tra i vecchi macchinari che producevano energia elettrica, in uno scenario molto suggestivo e originale.

MODI DI DIRE ED ESPRESSIONI IDIOMATICHE

Mangiare come un bue:
mangiare molto, abbondantemente.

Lavorare come un bue:
lavorare molto duramente.

Il bue che dice cornuto all'asino:
si dice di una persona che rimprovera il prossimo per un difetto che lui stesso possiede.

Mettere il carro davanti ai buoi:
anticipare, decidere una cosa senza avere tutte le informazioni importanti.

il bue
- le corna
- gli zoccoli

PROVERBI

Moglie e buoi dei paesi tuoi:
per avere maggiore unione e comprensione nel matrimonio, bisogna sposare una persona che viene dal tuo stesso paese e che quindi può condividere più facilmente le tue opinioni ed abitudini.

Chiudere la stalla quando i buoi sono scappati:
è inutile prendere provvedimenti quando ormai il danno è stato fatto.

LETTERATURA ITALIANA E LATINA

La rana e il bue
(testo adattato dalle Favole di Fedro)

In una tiepida mattina di primavera, una rana e i suoi ranocchi stanno sulle tranquille acque di uno stagno. All'improvviso arriva un enorme bue che tranquillo bruca l'erba ai bordi dello stagno.
I ranocchi stupiti cominciano a lodare la grandezza di quell'animale. Anche la rana è molto meravigliata; tanto che diventa invidiosa e pensa di poter diventare come lui.
Così dice ai suoi piccoli: – Voglio diventare enorme come lui, mi gonfierò d'aria!!!
E la rana comincia a gonfiarsi e a gonfiarsi così tanto, che aveva tutta la pelle tirata.
Chiede ai suoi ranocchi: – Sono grossa come il bue?
I ranocchietti rispondono. – No, mamma.
La rana raccoglie tutte le sue forze e continua a gonfiarsi. Si gonfia così tanto che finisce per scoppiare.
MORALE: *Quando gli uomini piccoli vogliono imitare i grandi, finiscono male.*

CHE VERSO FA?

Il bue **mugghia**
(verbo **mugghiare**)

muuuu!

LO SAPEVI?

Il plurale di **bue** è **buoi**.

Uno dei modi per cucinare l'uovo è all'**occhio di bue**, fritto in padella con un po' d'olio.

L'**occhio di bue** è anche un dolce, un biscotto rotondo con un buco al centro pieno di marmellata.

Animali a Roma · vocabolario fotografico

Animali a Roma • vocabolario fotografico **7**

il cane

Bonacci editore • www.bonacci.it

UN PO' DI STORIA...

Questo **sarcofago** si trova al Museo Capitolino del Campidoglio, il museo pubblico più antico del mondo.

CHE VERSO FA?

Il cane **abbaia** (verbo **abbaiare**).
Il verso è il **latrato**.

bau bau!

il muso

il cane

PROVERBI

Non svegliare il can che dorme: non si deve provocare chi ci dà fastidio.

Can che abbaia non morde: chi minaccia tanto a parole, alla fine non fa nulla.

MODI DI DIRE ED ESPRESSIONI IDIOMATICHE

Freddo cane: freddo intenso, insopportabile. *"Ieri mattina in motorino faceva un freddo cane!"*

Essere solo come un cane: essere tremendamente solo, senza amici né affetti.

Vita da cani: una vita dura, non piacevole, senza nessun divertimento o comodità.

Cani e porci: significa "chiunque". Questa espressione è negativa e può essere usata in molte situazioni: *"A quella festa c'erano cani e porci!"*

Essere come cane e gatto: si dice di persone che non vanno d'accordo. *"Simone e Giulia litigano sempre: sono come cane e gatto!"*

Essere fedele come un cane: essere molto affezionato e leale.

Trattare come un cane / da cani: trattare una persona malamente, in modo sgarbato.

Stare da cani: stare molto male, sia fisicamente che moralmente. *"Per colpa dell'influenza la scorsa settimana sono stata da cani!"*

Comportarsi da cani: comportarsi male, agire in maniera maleducata.

Non c'è un cane: non c'è nessuno. *"Ieri all'inaugurazione di quella mostra non c'era un cane."*

Lavoro fatto da cani: lavoro fatto male.

Essere un cane: non essere bravo in qualcosa. *"Quell'attore è un cane, non sa recitare per niente!"*

Essere un cane sciolto: si dice di qualcuno che non vuole avere legami, che ama vivere fuori dagli schemi. *"Roberto è un cane sciolto: ha 42 anni, non è sposato, e gira il mondo con la sua macchina fotografica."*

Menare il can per l'aia: prendere tempo, perdere tempo.

Animali a Roma • vocabolario fotografico   Bonacci editore • www.bonacci.it

Animali a Roma • vocabolario fotografico **8**

la capra

Bonacci editore • www.bonacci.it

UN PO' DI STORIA...

Questo **mosaico** si può vedere a Palazzo Massimo, che ospita una delle sedi del Museo Nazionale Romano dove sono esposti capolavori dell'arte classica romana.

MODI DI DIRE ED ESPRESSIONI IDIOMATICHE

Salvare capra e cavoli: trovare la soluzione a un problema conciliando interessi opposti di due persone.

Fare il capro espiatorio: pagare per colpe che sono di altri.

Essere una capra: essere ignorante (in qualcosa).
"Dammi una mano con i conti per favore: in matematica sono una capra!"

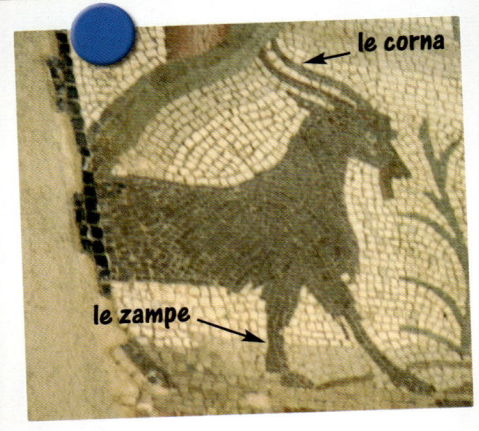

le corna

le zampe

la capra

CHE VERSO FA?

La capra **bela**
(verbo **belare**)
Il verso è il **belato**.

beeeeh!

LETTERATURA ITALIANA E LATINA

La capra
(Umberto Saba)

Ho parlato a una capra.
Era sola sul prato, era legata.
Sazia d'erba, bagnata
dalla pioggia, belava.
Quell'uguale belato era fraterno
al mio dolore. Ed io risposi, prima
per celia, poi perché il dolore è eterno,
ha una voce e non varia.
Questa voce sentiva
gemere in una capra solitaria.
In una capra dal viso semita
sentiva querelarsi ogni altro male,
ogni altra vita.

LO SAPEVI?

Ecco uno scioglilingua molto famoso e molto difficile!

*Sopra la panca la capra campa,
sotto la panca la capra crepa.*

Animali a Roma • vocabolario fotografico

Animali a Roma • vocabolario fotografico **9**

il cavallo

Bonacci editore • www.bonacci.it

UN PO' DI STORIA...

Questo cavallo in **bronzo**, si trova all'interno dei Musei Capitolini in Campidoglio.
È stato ritrovato a Trastevere, il popolare quartiere di Roma, nel 1849.
Lo scultore potrebbe essere Lisippo, o addirittura Fidia, due celebri scultori dell'antica Grecia.

CHE VERSO FA?

hiiiiii!

Il cavallo **nitrisce** (verbo **nitrire**)
Il verso è il **nitrito**.

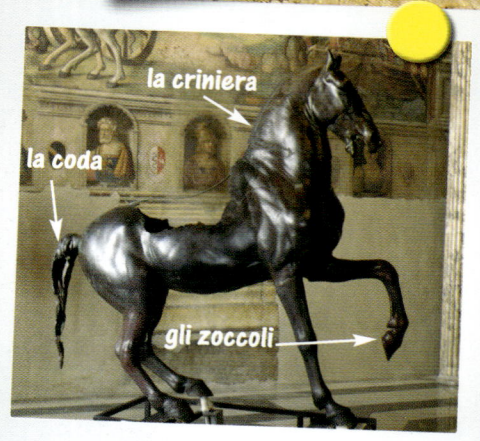

la criniera
la coda
gli zoccoli

il cavallo

LO SAPEVI?

Febbre da cavallo (1976) è un film comico diretto da Steno, con Gigi Proietti ed Enrico Montesano sulle avventure di un gruppo di amici appassionati di scommesse ippiche.

Il **cavallo** è un attrezzo usato per fare esercizi di ginnastica artistica.

Il **ferro di cavallo** è considerato un portafortuna.

Il **cavallino rampante** è il simbolo della Ferrari. In origine era il simbolo del famoso aviatore italiano della Prima Guerra Mondiale Francesco Baracca.

Il **cavallo a dondolo** è un giocattolo per bambini.

Un cavallone è un'onda molto grande.

La *coda di cavallo* è una pettinatura, un modo di legare i capelli.

MODI DI DIRE ED ESPRESSIONI IDIOMATICHE

Pazzo come un cavallo: si dice di una persona molto bizzarra e originale.

Cavallona: una donna alta e robusta, poco femminile. Non è un complimento!

Febbre da cavallo: febbre molto alta.

Denti da cavallo: denti particolarmente grossi, simili a quelli del cavallo.

Dose da cavallo: si usa per indicare una quantità molto abbondante di un farmaco.

Essere a cavallo: essere in una situazione o in una posizione favorevole. *"Se finisco il lavoro entro oggi sono a cavallo."*

Cavallo di battaglia: attività in cui una persona si sente più sicura di sé, che è sicura di sapere fare bene. *"Gli spaghetti alla carbonara sono il mio cavallo di battaglia."*

Animali a Roma • vocabolario fotografico   Bonacci editore • www.bonacci.it

Animali a Roma • vocabolario fotografico **10**

il cervo

Bonacci editore • www.bonacci.it

UN PO' DI STORIA...

Questa testa di cervo si trova in cima alla **facciata** della Basilica di Sant'Eustachio. Fa riferimento alla leggenda secondo cui Eustachio, nobile romano, durante una battuta di caccia, vede brillare una croce tra le corna di un cervo: profondamente colpito, si converte al cristianesimo.
Di fronte alla basilica troverete uno dei bar storici di Roma, il Sant'Eustachio, dove potrete assaggiare il famoso Gran Caffè.

MODI DI DIRE ED ESPRESSIONI IDIOMATICHE

Essere una cerbiatta: si dice di una donna giovane, dal corpo agile, con gambe snelle e gli occhi grandi ed espressivi.

Occhi da cerbiatto: avere uno sguardo dolce e affettuoso.

Facciamo le corna!: vuol dire: "Speriamo bene!"

MUSICA

"Cervo a primavera" (1997) di Riccardo Cocciante:

…io rinascerò
cervo a primavera
oppure diverrò
gabbiano da scogliera…

le corna

il cervo

LO SAPEVI?

Il **cerbiatto** è il cucciolo del cervo.

LETTERATURA ITALIANA E LATINA

Il cervo alla fonte
(testo adattato dalle Favole di Fedro)

Un cervo, dopo avere bevuto, vede nell'acqua la sua immagine ed inizia ad ammirare le grandi corna e a criticare le zampe troppo sottili. All'improvviso sente le voci di alcuni cacciatori ed inizia a correre nei campi per fuggire dai cani. Arrivato in un bosco, le corna restano prese dai rami: il cervo, immobilizzato, viene così raggiunto dai cani. Si dice che, sul punto di morire abbia detto: "Povero me! Solo ora capisco quanto erano utili le cose che disprezzavo, e quanto invece erano dannose quelle che lodavo".
Spesso si scopre che è più utile quello che si disprezza rispetto a quello che si loda.

Animali a Roma • vocabolario fotografico

Animali a Roma • vocabolario fotografico **11**

il cigno

Bonacci editore • www.bonacci.it

UN PO' DI STORIA...

Questo **bassorilievo** si trova all'ingresso della Casa del Jazz, non lontano dalla Piramide Cestia. Immersa in un bel parco, la Casa del Jazz ospita un auditorium, una biblioteca, delle sale d'incisione e un ristorante.
La villa e il parco sono stati confiscati ad Enrico Nicoletti dopo il suo arresto. Nicoletti era uno dei boss della banda della Magliana la quale ha ispirato il film e la serie "Romanzo criminale".

LO SAPEVI?

Il **cigno** è il simbolo di Legambiente, la più nota associazione ambientalista italiana, nata nel 1980.

Il **cigno di Busseto** è il soprannome dato a Giuseppe Verdi (1813-1901), il celebre compositore autore tra le altre opere, della *Traviata*, dell'*Aida* e del *Rigoletto*.

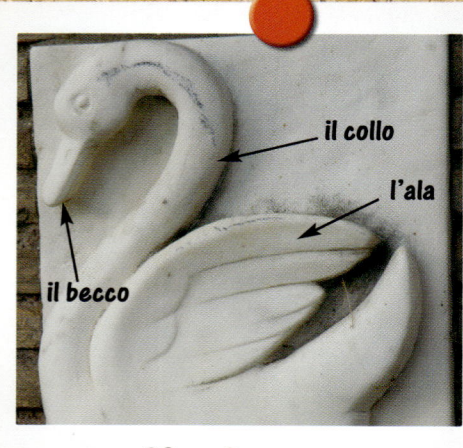

il cigno
- il collo
- l'ala
- il becco

MODI DI DIRE ED ESPRESSIONI IDIOMATICHE

Il canto del cigno: è il canto melodioso che, secondo la leggenda, emette il cigno prima di morire. Per questo si usa anche per indicare l'ultima opera di un artista o di una persona importante.

Avere un collo di cigno: avere un collo lungo e sottile.

Animali a Roma • vocabolario fotografico 12

la civetta

Bonacci editore • www.bonacci.it

UN PO' DI STORIA...

Questa **ceramica** si trova su una facciata della Casina delle Civette, all'interno del complesso di Villa Torlonia. Villa Torlonia – appartenuta a numerose nobili famiglie romane – è stata anche la residenza di Benito Mussolini dal 1925 al 1943.

MODI DI DIRE ED ESPRESSIONI IDIOMATICHE

Fare la civetta: si dice di una donna vanitosa e frivola, che si mette in mostra per attirare l'attenzione degli uomini.

CHE VERSO FA?

uuh! uuh! uuh!

La civetta **stridisce** (verbo **stridire**)
Il verso è lo **stridìo**.

il becco

la civetta

UNA CONTA

Ambarabà ciccì coccò
tre civette sul comò
che facevano l'amore
con la figlia del dottore
il dottore si ammalò
ambarabà ciccì coccò.

LO SAPEVI?

Il *prezzo civetta* è un prezzo particolarmente basso, che serve per attirare i clienti nel proprio negozio.

Auto civetta: è un'automobile comune usata dagli agenti di polizia in borghese per non farsi riconoscere durante le indagini.

Il giorno della civetta (1961) è un romanzo di Leonardo Sciascia sulla mafia degli uomini d'onore e la Sicilia degli anni Sessanta.
Dal romanzo è stato tratto nel 1968 un film dallo stesso titolo diretto da Damiano Damiani con Franco Nero e Claudia Cardinale.

La **Civetta** è una delle contrade di Siena che corre al Palio.

Animali a Roma • vocabolario fotografico — Bonacci editore • www.bonacci.it

Animali a Roma • vocabolario fotografico **13**

il coccodrillo

Bonacci editore • www.bonacci.it

UN PO' DI STORIA...

Questo **mosaico** si trova al Museo Nazionale Romano di Palazzo Massimo. Il museo si trova vicino alla stazione Termini.

MUSICA

"Il coccodrillo come fa?" è una canzone che ha partecipato nel 1993 alla 36esima edizione dello Zecchino d'Oro, festival internazionale della canzone per bambini, nato nel 1959:

Il coccodrillo come fa?
Non c'è nessuno che lo sa,
si dice mangi troppo,
non metta mai il cappotto,
che con i denti punga,
che molto spesso pianga [...].

"I due liocorni" è una canzone per bambini di Roberto Grotti nota per il celebre ritornello:

Ci son due coccodrilli
ed un orango tango,
due piccoli serpenti,
un'aquila reale,
un gatto, un topo, un elefante,
non manca più nessuno;
solo non si vedono i due liocorni.

la coda
le squame

il coccodrillo

MODI DI DIRE ED ESPRESSIONI IDIOMATICHE

Piangere lacrime di coccodrillo:
si dice di un falso rimorso.
Questo detto nasce dal fatto che il coccodrillo femmina – in caso di pericolo – trasporta le uova dei suoi piccoli tenendole tra le proprie fauci (in passato si pensava che se li mangiasse) e perché i coccodrilli lacrimano quando muovono le mascelle.

LETTERATURA ITALIANA E LATINA

Le lacrime di coccodrillo
(da *Il libro dei perché* di *Gianni Rodari*)

"Un coccodrillo, narrano,
un cane divorò,
indi secondo il solito
in lacrime scoppiò.
– Ora ti penti! – dissero
del morto i cuccioletti.
– Oh, no, penso a voi miseri,
orfanelli e soletti...
Vorrei farvi raggiungere
il babbo or digerito:
ma con dolor confessandovi
che non ho più appetito."

Animali a Roma • vocabolario fotografico   Bonacci editore • www.bonacci.it

Animali a Roma • vocabolario fotografico **14**

la colomba

Bonacci editore • www.bonacci.it

UN PO' DI STORIA...

Questa colomba si trova all'ingresso della chiesa barocca di Sant'Agnese in Agone, a piazza Navona.
Piazza Navona in origine si chiamava piazza in Agone (dal latino *agones*, giochi) poiché in epoca romana vi sorgeva uno stadio dove si tenevano gare di atletica.
Sant'Agnese, a cui è dedicata la chiesa, era una giovanissima martire cristiana, morta – pare – proprio in questo stadio.

LO SAPEVI?

La **colomba** è una persona che sostiene una linea moderata negli scontri politici (al contrario del **falco**, che sostiene una linea intransigente).

Colombina è una delle maschere veneziane più antiche della commedia dell'arte. È una giovane servetta arguta e maliziosa, fidanzata di Arlecchino, abile a risolvere le situazioni più difficili. Le è stato dato il nome di Colombina quando l'attrice Isabella Franchini che la interpretava nel XVII secolo, è entrata in scena portando un cestino con due colombe.

La **colomba** è un dolce pasquale con mandorle e glassa che ha la forma di una colomba.

la colomba

CHE VERSO FA?

La colomba **tuba** (verbo **tubare**)

uuh! uh! uuh!

LETTERATURA ITALIANA E LATINA

La colomba
(Trilussa)

"Incuriosita de sapé che c'era
una Colomba scese in un pantano,
s'inzaccherò le penne e bonasera.
Un Rospo disse: – Commerella mia,
vedo che, pure te, caschi nel fango...
– Però nun ce rimango... – rispose la Colomba.
E volò via.

[Traduzione dal romanesco: una colomba, incuriosita di sapere cosa c'era, scese in uno stagno e si sporcò le penne.
Un rospo le disse: - Amica mia, vedo che, anche tu cadi nel fango...
- Però non ci rimango... - rispose la Colomba, e volò via.]

MODI DI DIRE ED ESPRESSIONI IDIOMATICHE

Tubare: questo verbo è usato in modo scherzoso anche in riferimento a una coppia di innamorati che si scambiano tenerezze e parole d'amore. *"Quei due tubano come colombi!"*

Animali a Roma • vocabolario fotografico **15**

il coniglio

Bonacci editore • www.bonacci.it

UN PO' DI STORIA...

Questo **bassorilievo** fa parte della della Fontana dei Satiri o Fonte Gaia, che si trova all'interno di Villa Borghese, un grande parco appartenuto alla ricca famiglia Borghese.
Villa Borghese ospita al suo interno – oltre a fontane, monumenti, ed edifici importanti – numerosi musei e il Bioparco, lo zoo di Roma.

MUSICA

"Il coniglio" (1974) di Giorgio Gaber:

*No niente,
stavo cercando un coniglio.
Sì, c'avevo un coniglio
che vi volevo far vedere,
mi interessava sapere
cosa ne pensavate [...]*

CHE VERSO FA?

Il coniglio **ziga**
(verbo **zigare**)

il coniglio

le orecchie

MODI DI DIRE ED ESPRESSIONI IDIOMATICHE

Essere un coniglio: essere una persona molto paurosa.

Fare figli come conigli: fare molti figli.

Estrarre il coniglio dal cilindro: trovare una soluzione inaspettata.

LO SAPEVI?

"Il ruggito del coniglio" è una storica, divertente e popolare trasmissione radiofonica di intrattenimento culturale e satirico che dal 1995 va in onda la mattina su Rai Radio Due, condotta da Marco Presta e Antonello Dose.

Animali a Roma • vocabolario fotografico **16**

il delfino

Bonacci editore • www.bonacci.it

UN PO' DI STORIA...

Questi delfini si trovano in piazza del Popolo, progettata dal famoso architetto neoclassico Giuseppe Valadier.
La piazza ha subìto molti cambiamenti durante i secoli.

MODI DI DIRE ED ESPRESSIONI IDIOMATICHE

Nuotare come un delfino: nuotare molto bene.

la pinna

il delfino

LO SAPEVI?

Il **delfino** è uno stile del nuoto in cui le braccia si muovono in modo circolare e le gambe, unite, battono nell'acqua con un movimento ondulatorio (ad onda) che ricorda quello dei delfini.

Il **delfino** è il possibile successore di un personaggio importante, di solito di un politico.
Durante la cena aziendale il dottor Zani, essendo ormai prossimo alla pensione, ha presentato il genero come il suo delfino.

Animali a Roma • vocabolario fotografico **17**

il drago

Bonacci editore • www.bonacci.it

UN PO' DI STORIA...

La **scultura** di questo animale mitologico fa parte del portale del Drago, uno degli ingressi di Villa Borghese.
Da qui si raggiunge la Galleria Borghese, museo che ospita importanti opere di artisti famosi tra cui ricordiamo Bernini, Canova, Caravaggio.

MUSICA

"La ballata del Cerutti" (1960) di Giorgio Gaber, ispirata ai personaggi di un bar frequentato dal cantautore milanese:

"Il suo nome era
Cerutti Gino
ma lo chiamavan drago
gli amici al bar del Giambellino
dicevan che era un mago."

LO SAPEVI?

Il **draghetto Grisù** è un cartone animato italiano degli anni settanta. A differenza del padre – grande sputafuoco e amante degli incendi –, Grisù da grande vuole fare il pompiere.

Il **Drago** è una delle contrade di Siena che corrono allo storico Palio.

il drago

LETTERATURA ITALIANA E LATINA

Filastrocca Settecuscini
(Guido Quarzo)

A Settecuscini c'è una bottega
che vende scope e cappelli da strega,
vende incantesimi e attrezzi per maghi
l'azzurro dei principi e il rosso dei draghi.
Ci trovi i sogni che fanno i bambini
nella bottega di Settecuscini.

MODI DI DIRE ED ESPRESSIONI IDIOMATICHE

Essere un drago: questa espressione gergale vuol dire "essere una persona molto furba, in gamba".

Animali a Roma • vocabolario fotografico

Animali a Roma • vocabolario fotografico **18**

l'elefante

Bonacci editore • www.bonacci.it

UN PO' DI STORIA...

Questo "piccolo" elefante – che sostiene un obelisco egizio – si trova in piazza della Minerva, vicino al Pantheon.
Viene affettuosamente chiamato dai Romani "il pulcino della Minerva".

MODI DI DIRE ED ESPRESSIONI IDIOMATICHE

Avere una memoria da elefante: avere un'ottima memoria.

Comportarsi, muoversi come un elefante (in un negozio di cristalli): essere molto goffo; non avere tatto, delicatezza.

CHE VERSO FA?

L'elefante **barrisce** (verbo **barrire**).
Il verso è il **barrito**.

LO SAPEVI?

Elefantiaco: aggettivo che vuole dire "enorme, smisurato" soprattutto in senso negativo. *"Quell'azienda ha una struttura elefantiaca."*

A Catania c'è "u' Liotru", un elefante che sostiene un obelisco molto simile al "Pulcino della Minerva".

L'elefante è uno dei simboli della città di Catania, e anche quello della squadra di calcio.

le zanne
la proboscide

l'elefante

CANZONE

"L'elefante e la farfalla" (1996) di Michele Zarrillo:

*"Sono l'elefante
e non ci passo,
mi trascino lento
il peso addosso"* [...]

UNA FILASTROCCA

*"Un elefante si dondolava
sopra il filo di una ragnatela
e ritenendo la cosa interessante
andò a chiamare un altro elefante.
Due elefanti si dondolavano
sopra il filo di una ragnatela
e ritenendo la cosa interessante
andarono a chiamare un altro elefante...
tre elefanti..."*

Animali a Roma • vocabolario fotografico **19**

il falco

Bonacci editore • www.bonacci.it

UN PO' DI STORIA...

Questo **capitello** si trova in via Giulia, a Palazzo Falconieri (dal nome di una nobile famiglia fiorentina) e oggi ospita l'Accademia di Ungheria a Roma. Raffigura Horus, il dio-falco egizio.

il becco

il falco

MODI DI DIRE ED ESPRESSIONI IDIOMATICHE

Occhio di falco: si dice di una persona con una vista molto acuta.

Il falco e la colomba: nella vita militare e politica, il primo preferisce soluzioni drastiche e forti. La seconda, invece, preferisce il dialogo e le trattative.

Piombare come un falco: arrivare improvvisamente, gettarsi in una situazione con rapidità e sorpresa.
"...e all'inizio del secondo tempo il centravanti è piombato come un falco sulla palla e ha fatto gol".

MUSICA

Naso di falco (1990) di Claudio Baglioni

*Fu il sogno di volare solitario
là dove soltanto il falco va
ma era ancora incerto
come un pulcino bagnato
in cerca di tornar nel guscio
appena nato [...]*

Animali a Roma • vocabolario fotografico **20**

la farfalla

Bonacci editore • www.bonacci.it

UN PO' DI STORIA...

Questa curiosa **maniglia** a forma di farfalla stilizzata si trova in via dell'Oca, vicino piazza del Popolo.

MUSICA

Non più andrai farfallone amoroso
da " Le Nozze di Figaro" (1786)
di W. A. Mozart:

"Non più andrai, farfallone amoroso,
notte e giorno d'intorno girando;
delle belle turbando il riposo
Narcisetto, Adoncino d'amor."

UNA FILASTROCCA

La farfalletta (La vispa Teresa)
Luigi Sailer (1825 - 1885)

La vispa Teresa
avea tra l'erbetta
a volo sorpresa
gentil farfalletta
e tutta giuliva
stringendola viva
gridava distesa:
"L'ho presa! L'ho presa!".

A lei supplicando
l'afflitta gridò:
"Vivendo, volando
che male ti fò?
Tu sì mi fai male
stringendomi l'ale!
Deh, lasciami! Anch'io
son figlia di Dio!".

Teresa pentita
allenta le dita:
"Va', torna all'erbetta,
gentil farfalletta".
Confusa, pentita,
Teresa arrossì,
dischiuse le dita
e quella fuggì.

le ali

la farfalla

MODI DI DIRE ED ESPRESSIONI IDIOMATICHE

Essere un farfallone: una persona superficiale e volubile che cambia spesso idee, sentimenti e partner.

Correre dietro alle farfalle: perdere il proprio tempo in cose inutili.

Andare a farfalle: nel calcio indica un giocatore che fa delle azioni a vuoto durante la partita.

LO SAPEVI?

Cravatta a farfalla (farfallino): una cravatta annodata a forma di farfalla.

Le **farfalle** sono un tipo di pasta corta.

Sfarfallìo: disturbo che si può verificare in uno schermo televisivo, cinematografico o in un monitor che rende l'immagine tremolante, come lo sbattere di ali di una farfalla.

Animali a Roma • vocabolario fotografico **20** Bonacci editore • www.bonacci.it

Animali a Roma • vocabolario fotografico **21**

il gallo

Bonacci editore • www.bonacci.it

UN PO' DI STORIA...

Questo gallo in **ferro battuto** fa parte di un cancello in via Aldrovandi, ai Parioli, un quartiere molto elegante di Roma.

CHE VERSO FA?

Il gallo **canta** (verbo **cantare**)
Il verso è il **canto**.

chicchirichì!

la cresta

il gallo

LO SAPEVI?

La **gallina** è la femmina del gallo, il **pulcino** è il loro piccolo e il **pollaio** è il luogo dove vivono.

Il **Gallo dei campanili** è un'insegna metallica che gira in base al vento indicandone la direzione.

Il gallo è il simbolo della squadra di calcio del Bari.

MUSICA

"Per colpa di chi" (1995) di Zucchero:

"Funky gallo, come sono bello stamattina
non c'è più la mia morosa
e sono più leggero di una piuma [...]"

LETTERATURA ITALIANA E LATINA

Perché quando il gallo canta chiude gli occhi?
(da *Il libro dei perché* di Gianni Rodari)

Canta il gallo: "Chicchirichì!
È in arrivo il nuovo dì!
È un giorno mai visto in passato
che prima d'oggi non c'è mai stato.
Fategli festa perché dura poco
un bel giorno come un bel gioco.
Questa sera partirà
né mai più ritornerà".

MODI DI DIRE ED ESPRESSIONI IDIOMATICHE

Fare il galletto: si dice di un ragazzo che si sente superiore agli altri, che corteggia le ragazze.

Essere il gallo del pollaio: essere l'unico uomo in mezzo a tante donne.

Animali a Roma • vocabolario fotografico **21**   Bonacci editore • www.bonacci.it

Animali a Roma • vocabolario fotografico **22**

il gatto

Bonacci editore • www.bonacci.it

UN PO' DI STORIA...

Questa gatta si trova nell'omonima via, sul cornicione di Palazzo Grazioli, che ospita la dimora romana di Berlusconi.
Questa **scultura** proviene dal vicino Tempio di Iside. La leggenda dice che sia un omaggio ad una piccola gattina che, avendo visto un bambino di pochi anni sporgersi troppo dal cornicione, iniziò a miagolare forte forte per attirare l'attenzione della madre. Così il bambino si salvò.
A Roma si crede che lo sguardo della gatta indichi la direzione nella quale è nascosto un ricco tesoro.

CHE VERSO FA?

Il gatto **miagola** (verbo **miagolare**).
Il verso è il **miagolìo**.

miao!

PROVERBI

Tanto va la gatta al lardo che ci lascia lo zampino: chi vuole appropriarsi delle cose degli altri, prima o poi viene scoperto.

Quando il gatto non c'è i topi ballano: in riferimento a qualcuno che, nell'assenza di chi lo comanda, ne approfitta per fare il proprio comodo.

MODI DI DIRE ED ESPRESSIONI IDIOMATICHE

Essere quattro gatti: essere in pochissimi. "Alla festa di Giovanni eravamo quattro gatti".

Avere una gatta da pelare: avere un grande problema da risolvere. "Che problema complicato: proprio una gatta da pelare!"

Fare la gatta morta: si dice delle donne che nascondono il proprio carattere dietro un'apparenza seducente e ingenua.

Qui gatta ci cova: si dice quando in una situazione si crede che ci sia qualcosa di poco chiaro.

Giocare come il gatto con il topo: divertirsi a provocare chi è più debole con un atteggiamento arrogante e prepotente.

la coda

il gatto

LETTERATURA ITALIANA E LATINA

Il Gatto e la Volpe
(da Le avventure di Pinocchio *di Carlo Collodi*)

Ma non aveva fatto ancora mezzo chilometro, che incontrò per la strada una Volpe mezza zoppa da un piede e un Gatto cieco da tutt'e due gli occhi che se ne andavano là là, aiutandosi tra di loro, da buoni compagni di sventura. La Volpe che era zoppa, camminava appoggiandosi al Gatto: e il Gatto, che era cieco, si lasciava guidare dalla Volpe [...]

LO SAPEVI?

Si dice che se un **gatto nero** attraversa la strada mentre stai passando porta sfortuna.

Il **gatto delle nevi** è una macchina usata in montagna per muoversi nella neve.

Gattonare: si dice dei bambini che ancora non sanno camminare e che si muovono a quattro zampe utilizzando le mani e i piedi.

Sgattaiolare: allontanarsi silenziosamente e velocemente, senza farsi notare, come fanno i gatti.

Animali a Roma · vocabolario fotografico — Bonacci editore · www.bonacci.it

Animali a Roma • vocabolario fotografico **23**

la giraffa

Bonacci editore • www.bonacci.it

UN PO' DI STORIA...

Questo **graffito** si trova a Trastevere, uno dei rioni più famosi e popolari di Roma.

MUSICA

"La Giraffa Genoveffa"
canzone dello Zecchino d'Oro

"Lo sanno tutti che le giraffe
hanno quella camminata buffa
ma Genoveffa, la mia giraffa...
no, no, no, no!"

← le corna

la giraffa

LO SAPEVI?

La **giraffa** è una lunga asta regolabile che sostiene il microfono usata alla radio, alla televisione e al cinema per le registrazioni sonore.

La giraffa è una delle storiche contrade di Siena che partecipa al Palio.

MODI DI DIRE ED ESPRESSIONI IDIOMATICHE

Collo di giraffa: un collo molto lungo (e per questo non bello). È il contrario in negativo dell'espressione "avere un collo di cigno".

Animali a Roma • vocabolario fotografico   Bonacci editore • www.bonacci.it

Animali a Roma • vocabolario fotografico **24**

il granchio

Bonacci editore • www.bonacci.it

UN PO' DI STORIA...

Questa **scultura** fa parte della fontana del Nettuno, a Piazza Navona. Un tempo stadio di atletica dell'imperatore Diocleziano, oggi Piazza Navona ospita numerosi spettacoli di artisti ambulanti, che attirano la curiosità dei passanti.

le chele

il granchio

LO SAPEVI?

Nei canali sotterranei che scorrono sotto il Foro di Traiano, nel centro di Roma, vive una popolazione di granchi imperiali.
Presenti nella capitale, forse fin dai tempi degli antichi romani, questi granchi d'acqua dolce si sono adattati alle numerose trasformazioni di Roma e resistono allo smog, ai turisti e al rumore dei nostri tempi!

MODI DI DIRE ED ESPRESSIONI IDIOMATICHE

Prendere un granchio: sbagliarsi, fare un errore: "Mi sono sbagliato, ho preso un granchio".

Sgranchirsi / sgranchirsi le gambe: fare un po' di movimento fisico. "Durante un lungo viaggio in aereo è consigliabile sgranchirsi le gambe passeggiando per il corridoio."

Animali a Roma • vocabolario fotografico **24** Bonacci editore • www.bonacci.it

Animali a Roma • vocabolario fotografico **25**

il leone

Bonacci editore • www.bonacci.it

UN PO' DI STORIA...

Questa **fontana** si trova all'interno dell'Orto Botanico, a Trastevere. Nato nel 1200 come piccolo orto di piante officinali (usate per creare medicine), attualmente ospita circa 3.000 piante.

CHE VERSO FA?

Il leone ruggisce (verbo **ruggire**). Il verso è il ruggito.

roarrr!

la criniera

il leone

LO SAPEVI?

La femmina del leone si chiama **leonessa**.

Chioma leonina: si dice di chi ha capelli molto folti e ricci.

Hic sunt leones *(qui ci sono i leoni)* è un'espressione che i romani utilizzavano per indicare le zone dell'Africa non esplorate. Si usa ancora oggi, in modo scherzoso, per indicare posti in cui non si è mai stati e di cui non si conosce nulla.

Il leone alato, simbolo dell'evangelista San Marco, patrono della città di Venezia, è anche il simbolo di questa città.

Il **Leone d'Oro** è il premio più importante del *Festival del cinema* di Venezia.

Meglio un giorno da leone che cento da pecora: frase scritta sui muri delle case distrutte dopo la battaglia del Piave, nella prima guerra mondiale per incitare i soldati a combattere.

Il leone è il simbolo della squadra di calcio del Brescia.

MODI DI DIRE ED ESPRESSIONI IDIOMATICHE

Essere, sentirsi un leone: essere, sentirsi pieno di forza ed energia.

Sentirsi come un leone in gabbia: sentirsi irrequieti.

Battersi, combattere come un leone: reagire con grande coraggio.

Essere un cuor di leone: essere molto coraggioso.

Fare la parte del leone: prendere per sé il meglio o la maggior parte di qualcosa.

Avere un cuore di leone: essere molto generoso con gli altri.

Animali a Roma • vocabolario fotografico **26**

la lumaca

Bonacci editore • www.bonacci.it

UN PO' DI STORIA...

Questa lumaca si trova a Villa Torlonia, vicino alla Casina delle Civette. Villa Torlonia si trova sulla via Nomentana, vicino a Porta Pia.

CHE FA?

La lumaca **striscia**
(verbo **strisciare**)

MODI DI DIRE ED ESPRESSIONI IDIOMATICHE

Essere una lumaca: essere lenti e pigri nei movimenti e nel fare le cose.

Andare a passo di lumaca: andare o guidare molto piano.

Essere un lumacone: una persona furba, che cerca di sembrare ingenua e goffa.

il guscio
le corna

la lumaca (o chiocciola)

UNA FILASTROCCA

Lumaca lumachina,
tu mi devi insegnare
a farmi una casina
senza affitto pagare.

LO SAPEVI?

@ **Chiocciola** è il nome del carattere utilizzato negli indirizzi di posta elettronica.

La **scala a chiocciola** è una scala a forma di elica.

La **chiocciola** è il logo di Slow Food, associazione enogastronomica fondata da Carlo Petrini nel 1986, oggi diventata una realtà internazionale.

La **Chiocciola** è una delle storiche contrade di Siena che partecipano al Palio.

Animali a Roma • vocabolario fotografico — Bonacci editore • www.bonacci.it

Animali a Roma • vocabolario fotografico **27**

il lupo

Bonacci editore • www.bonacci.it

UN PO' DI STORIA...

Questo lupo fa parte di un lampione in piazza della Repubblica, mentre la **Lupa capitolina** (che è il simbolo della città di Roma) è una scultura in bronzo che si trova nei Musei capitolini al Campidoglio. I gemelli che sta allattando sono Romolo e Remo.
Nella leggenda i due bambini erano figli di Marte, dio della guerra e di Rea Silvia, una sacerdotessa. Abbandonati in una cesta dopo la nascita, vennero allevati da una lupa. Tempo dopo, in seguito ad un litigio, Romolo uccise Remo e fondò la città di Roma (756 a.C.).

CHE VERSO FA?

Il lupo ulula (verbo ululare)

auuuuuh!

PROVERBI

Il lupo perde il pelo ma non il vizio: è molto difficile riuscire a superare le brutte abitudini e i vecchi vizi che abbiamo da sempre.

il lupo

la lupa

LO SAPEVI?

Il **lupacchiotto** è il cucciolo dei lupi.

La lupa è il simbolo della AS Roma, una delle due squadre di calcio della capitale (insieme alla Lazio).

La Lupa è anche una delle storiche contrade che partecipa al Palio di Siena.

Lupus in fabula è un'espressione usata per sottolineare l'improvvisa comparsa proprio della persona di cui si stava parlando. *"Parlavamo di Gianni ed eccolo che arriva: lupus in fabula!"*

La **lupara** è un tipo di fucile usato per la caccia ai lupi.

Lupara bianca: rapimento e assassinio di una persona, seguiti dalla scomparsa del corpo, eseguiti dalla mafia e da altre organizzazioni criminali specialmente nel Sud Italia.

MODI DI DIRE ED ESPRESSIONI IDIOMATICHE

Avere una fame da lupi: avere molta fame.

Tempo da lupi: brutto tempo, con pioggia e freddo.

In bocca al lupo!: è un'espressione di buon augurio che si usa quando una persona sta per affrontare una prova impegnativa (per esempio un esame o un colloquio di lavoro). Prevede come risposta: "Crepi (il lupo!)".

FUMETTI

Lupo Alberto, innamorato della gallina Marta, è un fumetto nato dalla matita di Silver.

Animali a Roma • vocabolario fotografico — Bonacci editore • www.bonacci.it

Animali a Roma • vocabolario fotografico **28**

il maiale

Bonacci editore • www.bonacci.it

UN PO' DI STORIA...

Questo **bassorilievo** raffigura una **scrofa** (la femmina del maiale) e si trova nella via omonima, nel rione Sant'Eustachio.

LO SAPEVI?

La femmina del maiale si chiama **scrofa**.

I maiali vivono nel **porcile**.

CHE VERSO FA?

Il maiale **grunisce** (verbo **grugnire**). Il verso è il **grugnito**.

il codino

il maiale (o porco)

CUCINA

La **porchetta** è un maialino cotto al forno o allo spiedo, ripieno di erbe, spezie e lardo. Famosa è la porchetta di Ariccia, paese vicino Roma.

MODI DI DIRE ED ESPRESSIONI IDIOMATICHE

Mangiare come un maiale, una scrofa: mangiare troppo o in maniera poco educata.

Essere grasso come un maiale: essere molto grasso.

Essere un maiale, un porco: una persona sporca; una persona grassa e ingorda; una persona che fa discorsi o azioni indecenti, volgari.

Un porcile: un posto molto sporco. *"Questa stanza è un porcile!"*

Porcheria: sporcizia, cosa di nessuna qualità: *"Raccogli questa porcheria!"*; una cosa fatta molto male: *"Lo spettacolo era una porcheria"*; cibo o bevande cattivi, preparati male *"Il caffè di quel bar è una porcheria!"*.

Fare una porcheria: un'azione disonesta, sleale.

Animali a Roma • vocabolario fotografico   Bonacci editore • www.bonacci.it

Animali a Roma • vocabolario fotografico **29**

il mollusco

Bonacci editore • www.bonacci.it

UN PO' DI STORIA...

Questa conchiglia fa parte della fontana del Nettuno, a piazza Navona, una delle più celebri piazze di Roma. È stata costruita dove un tempo si trovava lo stadio di atletica voluto dall'imperatore Domiziano.

Durante le feste natalizie, fino al 6 gennaio, piazza Navona si riempie di bancarelle dove si possono comprare dolci, presepi, calze e carbone (di zucchero!) per la festa della Befana.

LO SAPEVI?

La **conchiglia** è il guscio protettivo di alcuni molluschi.

Il **telefono a conchiglia** è un tipo di cellulare che si apre e chiude come il guscio.

Le **conchiglie** sono un tipo di pasta corta.

La **conchiglia** è un elemento decorativo usato per ornare le acquasantiere nelle chiese e gli stemmi dei palazzi antichi.

la conchiglia

il mollusco

MODI DI DIRE ED ESPRESSIONI IDIOMATICHE

Essere un mollusco: si dice di una persona senza carattere né personalità.

Secondo la mitologia greca, Venere (la dea dell'amore) è nata dalla schiuma del mare. Così la rappresenta Sandro Botticelli nella "Nascita di Venere" (1485 circa), su di una conchiglia, spinta dal vento.

Il **Nicchio** (parola toscana per dire **conchiglia**) è una delle contrade di Siena che partecipa allo storico Palio.

Animali a Roma • vocabolario fotografico **29** Bonacci editore • www.bonacci.it

Animali a Roma • vocabolario fotografico **30**

l'oca

Bonacci editore • www.bonacci.it

UN PO' DI STORIA...

Questo **affresco** si trova a Villa Giulia, sede del Museo Etrusco, che contiene importanti reperti archeologici di questa civiltà.

CHE VERSO FA?

qua qua!

L'oca **starnazza** (verbo **starnazzare**)

LO SAPEVI?

Avere, far venire la pelle d'oca: aspetto che ha la pelle per l'effetto del freddo o di una forte emozione. *"Brrr! Che freddo, ho la pelle d'oca!"; "Che paura quel film, mi ha fatto venire la pelle d'oca".*

Gioco dell'oca: gioco da tavola con 63 o 90 caselle con figure numerate progressivamente.

Le oche del Campidoglio: secondo la leggenda, delle oche salvarono la città di Roma dall'assedio dei Galli nel IV secolo a.C. Durante la notte, i Galli erano riusciti a salire sul colle del Campidoglio ma le oche, iniziando a starnazzare, svegliarono i soldati che respinsero gli invasori.

L'**oca** è una delle storiche contrade che corrono al Palio di Siena.

il becco

l'oca

LETTERATURA ITALIANA E LATINA

Perché non mi racconti una storia?
(da Il libro dei perché di G. Rodari)

Un professor di Salamanca
inseguiva un'oca bianca.
Se la prendeva, che ve ne pare,
le insegnava a cantare e a ballare?

MODI DI DIRE ED ESPRESSIONI IDIOMATICHE

Essere un'oca, un'ochetta: una donna stupida e sbadata, poco intelligente.

Fare, essere un'oca giuliva: essere una donna dall'aria sciocca e contenta.

Chiudere il becco: stare zitti. *"Chiudi il becco! Non sai quel che dici!"*

Tenere il becco chiuso: rimanere zitti.

Non avere il becco di un quattrino: non avere soldi.

Mettere becco in qualcosa: nintromettersi inopportunamente in discorsi o affari altrui.

Animali a Roma • vocabolario fotografico **30** Bonacci editore • www.bonacci.it

Animali a Roma • vocabolario fotografico **31**

l'orso

Bonacci editore • www.bonacci.it

l'orso

UN PO' DI STORIA...
Ci troviamo davanti a Palazzo Orsini nel Ghetto, lo storico rione ebraico che ospita anche la Sinagoga di Roma.

CHE VERSO FA?
L'orso **bramisce** (verbo **bramire**). Il verso è il **bramito**.

MODI DI DIRE ED ESPRESSIONI IDIOMATICHE

Essere un orso / Fare l'orso: Si dice di una persona poco socievole, che preferisce la solitudine. *"Dai Stefano, non fare l'orso, vieni con noi alla festa!"*

Vendere la pelle dell'orso prima di averlo ucciso: contare su qualcosa che ancora non si ha con certezza. *"Luigi si è comprato un computer nuovo senza controllare se aveva abbastanza soldi in banca: ha venduto la pelle dell'orso prima di averlo ucciso!"*

Animali a Roma • vocabolario fotografico — Bonacci editore • www.bonacci.it

Animali a Roma • vocabolario fotografico **32**

la pantera

Bonacci editore • www.bonacci.it

UN PO' DI STORIA...

Questo **bassorilievo** si trova a Trastevere, in vicolo della Frusta. Trastevere è un antico quartiere di Roma ricco di locali, bar e ristoranti, molto frequentati dai romani e dai turisti.

CHE VERSO FA?

La pantera **ruggisce** (verbo **ruggire**).
Il verso è il **ruggito**.

roarrr!

la coda

la pantera

LO SAPEVI?

Una **pantera** è una donna dal corpo flessuoso e dal carattere aggressivo.

Essere una panterona è un'espressione popolare romana per indicare – con ironia – una donna molto sensuale o vestita in maniera volutamente provocante.

La **pantera** è il nome dell'automobile veloce della polizia utilizzata per gli inseguimenti.

La **pantera**: movimento di protesta degli studenti universitari italiani nato nel 1990, in riferimento ad una pantera che, scappata in quegli anni ad un privato, vagava libera nella campagna romana.

La **pantera** è una delle storiche contrade che partecipano al Palio di Siena.

Animali a Roma • vocabolario fotografico

Animali a Roma • vocabolario fotografico **33**

il pappagallo

Bonacci editore • www.bonacci.it

UN PO' DI STORIA...

Questo **mosaico** si trova sulla facciata della Chiesa di Santa Maria Addolorata, la chiesa nazionale argentina, in piazza Buenos Aires. Questa piazza è conosciuta come piazza Quadrata.

MODI DI DIRE ED ESPRESSIONI IDIOMATICHE

Essere un pappagallo: un uomo che fa i complimenti alle donne per la strada, disturbandole.

Ripetere, recitare a pappagallo: elencare a memoria, in maniera meccanica. "Il professore non vuole che impariamo la lezione a pappagallo, senza capire quello che diciamo".

le piume

il pappagallo

LO SAPEVI?

I Pappagalli (1956) è una commedia all'italiana diretta da Bruno Paolinelli con Aldo Fabrizi, Alberto Sordi, Titina e Peppino De Filippo, sull'amore e i tradimenti.

Animali a Roma • vocabolario fotografico **33** Bonacci editore • www.bonacci.it

Animali a Roma • vocabolario fotografico **34**

il pavone

Bonacci editore • www.bonacci.it

UN PO' DI STORIA...

Questo **affresco** si trova a Villa Giulia, sede del Museo Nazionale Etrusco. Questa villa venne costruita nel XVI secolo per volere di papa Giulio III. Per questo si chiama Villa Giulia.

MODI DI DIRE ED ESPRESSIONI IDIOMATICHE

Fare il pavone (o fare la ruota) / pavoneggiarsi: vantarsi troppo delle cose che si hanno o che si fanno, darsi delle arie.

Farsi bello con le penne del pavone: darsi meriti che in realtà sono di altri e vantarsene.

Essere un pavone: essere una persona vanitosa e superficiale.

la ruota
gli occhi della ruota

il pavone

LETTERATURA ITALIANA E LATINA

Il pavone
(testo adattato dalle favole di Fedro)

Il pavone va da Giunone, perché non sopporta di non avere il bel canto dell'usignolo, che è ammirato da tutti gli uccelli, mentre lui viene deriso non appena emette un suono.
Allora la dea, per consolarlo, dice: "Ma tu superi l'usignolo in bellezza e in grandezza; lo splendore dello smeraldo risplende sul tuo collo e con le tue piume variopinte apri una coda ricca di gemme".
"A cosa mi serve – dice il pavone – una bellezza muta, se sono superato nel canto?"
"Il destino vi ha assegnato le parti: a te la bellezza, all'aquila la forza, all'usignolo il canto dolce, al corvo la profezia, alla cornacchia i presagi favorevoli e tutti sono contenti delle proprie doti."
Non pretendere quello che non ti è stato dato, non trasformare la speranza delusa in una lamentela.

Animali a Roma • vocabolario fotografico **35**

la pecora

Bonacci editore • www.bonacci.it

UN PO' DI STORIA...

Questo **mosaico** si trova sulla facciata della Chiesa di Santa Maria Addolorata, la chiesa nazionale argentina, in piazza Buenos Aires.

MODI DI DIRE ED ESPRESSIONI IDIOMATICHE

Essere la pecora nera: essere diversi dal resto di un gruppo. Si usa in senso negativo.
"Alberto è la pecora nera della famiglia: è l'unico che non ha voglia di lavorare."

Essere la pecorella smarrita: avere perso la giusta direzione.

il vello

la pecora

CHE VERSO FA?

La pecora **bela** (verbo **belare**).
Il verso è il **belato**.

beeeeh!

PROVERBI

Cielo a pecorelle, pioggia a catinelle: il cielo a pecorelle è quello formato da tante piccole nuvole bianche e grigie. Di solito precedono l'arrivo della pioggia.

Chi pecora si fa, il lupo se la mangia: c'è sempre qualcuno pronto ad approfittarsi della nostra remissività.

LETTERATURA ITALIANA E LATINA

La vacca, la capra, la pecora, il leone
(testo adattato dalle favole di Fedro)

Il racconto dimostra come i più forti non mantengano la parola data.
Una vacca, una capra e una timida pecora vanno a caccia nei boschi insieme ad un leone e catturano un grosso cervo.
Il leone decide di farne le parti e dice: "Dato che sono il leone prendo la prima parte, e anche la seconda, perché sono il più forte. Inoltre, visto che valgo più di voi, mi spetta anche la terza parte. Infine, che nessuno provi a prendersi la quarta parte, altrimenti ne subirà le conseguenze."
E così lo sleale leone si mangia tutto il cervo.

Animali a Roma • vocabolario fotografico

Animali a Roma • vocabolario fotografico **36**

il pesce

Bonacci editore • www.bonacci.it

UN PO' DI STORIA...

Questo pesce fa parte della fontana del Nettuno, a piazza Navona.
Piazza Navona è una delle più celebri piazze di Roma, costruita sui resti dello stadio di atletica voluto dall'imperatore Domiziano.

la coda
le pinne   le squame

il pesce

MODI DI DIRE ED ESPRESSIONI IDIOMATICHE

Essere sano come un pesce: in ottima salute.

Essere muto come un pesce: si dice di una persona affidabile, che rimane in silenzio mantenendo un segreto.

Nuotare come un pesce: nuotare molto bene.

Non sapere che pesci prendere: non sapere cosa fare per risolvere un problema.

Sentirsi un pesce fuor d'acqua: si usa per indicare chi si trova a disagio in una situazione o in un ambiente.

Non essere né carne né pesce: si dice di una persona o di una cosa che non è ben definita o che non si può definire.

Fare il pesce in barile: fare finta di nulla, fare l'indifferente.

Buttarsi a pesce su qualcosa: fare le cose con entusiasmo.

Pesci piccoli, pesci grossi: persone di poco conto, persone di grande potere.

Prendere a pesci in faccia: trattare una persona in modo maleducato, villano.

LO SAPEVI?

Pesce d'aprile: scherzo che si fa di solito il primo di aprile.

A spina di pesce: tutto quello che nel disegno e nella forma riprende quello della spina di pesce (pavimento a spina di pesce, parcheggio a spina di pesce).

Il **peschereccio** è una nave attrezzata per la pesca.

Animali a Roma • vocabolario fotografico **36** Bonacci editore • www.bonacci.it

Animali a Roma • vocabolario fotografico **37**

la piovra

Bonacci editore • www.bonacci.it

UN PO' DI STORIA...

Questa piovra fa parte della fontana del Nettuno, a piazza Navona.
Piazza Navona è una delle più celebri piazze di Roma, costruita sui resti dello stadio di atletica voluto dall'imperatore Domiziano.

LO SAPEVI?

Con **piovra** si indica un'organizzazione o un individuo che sfrutta una persona o una cosa fino ad esaurirla.

La **Piovra** è il nome con cui si indica la Mafia, perché si diffonde in profondità nella società come una piovra che allunga i tentacoli.

le ventose
i tentacoli

la piovra

La **Piovra** è una serie televisiva sulla Mafia andata in onda per la prima volta nel 1984 su Rai Uno.
Grazie al grande successo di pubblico non solo in Italia ma anche all'estero, la serie è stata prodotta con nuove puntate fino al 2001.
La colonna sonora della serie è stata realizzata da Ennio Morricone, autore di famosissime colonne sonore, premio Oscar alla carriera.

Animali a Roma • vocabolario fotografico **38**

il ragno

Bonacci editore • www.bonacci.it

UN PO' DI STORIA...

Questa **decorazione** si trova sulla facciata del Palazzo del Ragno, nel quartiere Coppedè, famoso per l'originalità architettonica e la varietà di stili (barocco, Liberty, arte medievale e manierismo).

MODI DI DIRE ED ESPRESSIONI IDIOMATICHE

Ragno porta guadagno: i ragni portano soldi, fortuna. Per scaramanzia dunque, quando si trova un ragno in casa, si cerca di non ucciderlo.

Non cavare un ragno dal buco: non riuscire a trovare la soluzione anche dopo molti tentativi.

LO SAPEVI?

La **ragnatela** è la tela che fa il ragno per catturare gli insetti.

In senso figurato una **ragnatela** è una rete fittissima.
"Una ragnatela di strade".

La pazienza del ragno (2004) di Andrea Camilleri è uno dei romanzi sulle avventure del famoso commissario Montalbano in una piccola cittadina siciliana, Vigata, nome inventato dall'autore.

la ragnatela

il ragno

MUSICA

"La ballata dell'uomo ragno" (1992) di Francesco de Gregori

"E noi siamo tutti in fila davanti al bagno, e noi siamo tutti in fila davanti a un segno, e noi siamo tutti al fiume a trasformare l'oro in stagno. Ma prima di aver finito faremo un buco nell'infinito e accetteremo l'invito a cena dall'uomo ragno."

Animali a Roma • vocabolario fotografico **38** Bonacci editore • www.bonacci.it

Animali a Roma • vocabolario fotografico **39**

la rana

Bonacci editore • www.bonacci.it

UN PO' DI STORIA...

La Fontana delle rane, si trova nel piccolo quartiere Coppedè, dal nome dell'architetto che lo ha progettato, e che è famoso per l'originalità architettonica.

CHE VERSO FA?

La rana **gracida** (verbo **gracidare**)

cra cra!

la rana

MODI DI DIRE ED ESPRESSIONI IDIOMATICHE

Cantare come una rana: essere stonato.

Gonfio come una rana: essere pieno di superbia.

LO SAPEVI?

Nuotare a rana: è uno stile di nuoto in cui le braccia e le gambe si distendono e si raccolgono simultaneamente, come il movimento delle zampe delle rane.

Animali a Roma • vocabolario fotografico **39** Bonacci editore • www.bonacci.it

Animali a Roma • vocabolario fotografico **40**

la scimmia

Bonacci editore • www.bonacci.it

UN PO' DI STORIA...

Questo **bassorilievo** si trova in via Spallanzani, e fa parte del complesso di Villa Torlonia.

MODI DI DIRE ED ESPRESSIONI IDIOMATICHE

Se qualcuno è molto brutto, possiamo dire che è uno **scimmione**.

Il **gorilla** è una guardia del corpo, cioè una persona che protegge i personaggi famosi.

Essere come una scimmia: essere molto curioso o dispettoso.

Scimmiottare: imitare le mosse degli altri.

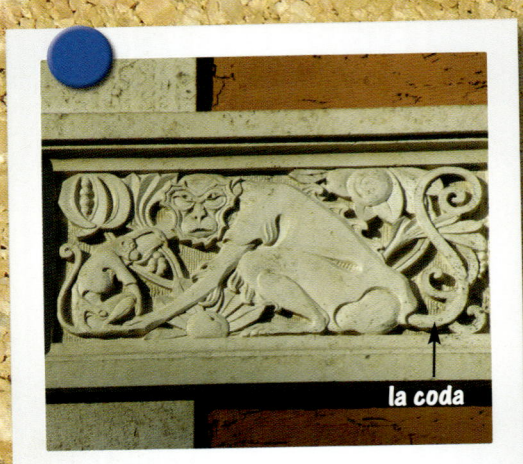

la coda

la scimmia

CHE VERSO FA?

La scimmia **grida** (verbo **gridare**). Il verso è il **grido**.

aaaaah!

LO SAPEVI?

Il **gorilla** è un tipo di scimmia.

La donna scimmia è un film molto amaro del 1964 diretto da Marco Ferreri, interpretato da Ugo Tognazzi e Annie Girardot.
Parla di un imbroglione che sposa una donna ricoperta di peli per farla esibire nei circhi e fare soldi. Alla fine si innamorano, ma purtroppo lei muore con il figlio che stava per partorire.

Animali a Roma • vocabolario fotografico

Animali a Roma • vocabolario fotografico **41**

il serpente

Bonacci editore • www.bonacci.it

UN PO' DI STORIA...

Questo **bassorilievo** si trova all'interno di Villa Torlonia, appartenuta a numerose nobili famiglie romane. Fu anche la residenza di Benito Mussolini dal 1925 al 1943.

le squame

il serpente

MODI DI DIRE ED ESPRESSIONI IDIOMATICHE

Essere una serpe, una vipera: una persona malvagia e ipocrita.

Allevare una serpe in seno: aiutare qualcuno che poi si rivela essere un ingrato, un nemico, un traditore.

Parenti serpenti: si dice in relazione ai brutti rapporti che spesso ci sono tra i vari parenti all'interno di una famiglia.

CHE VERSO FA?

Il serpente **sibila** (verbo **sibilare**).
Il verso è il **sibilo**.

sssssssss!

LO SAPEVI?

Serpentina: è una linea a forma di serpente (*"sentiero a serpentina"*).

Serpentone: lungo corteo; titolo che scorre orizzontalmente nella parte bassa dello schermo della TV.

Serpeggiare: muoversi con un andamento tortuoso, simile a quello dei serpenti; circolare in maniera segreta, prima di uscire allo scoperto in forme più ampie. *"Il malcontento serpeggia tra la popolazione."*

Animali a Roma • vocabolario fotografico — Bonacci editore • www.bonacci.it

Animali a Roma • vocabolario fotografico **42**

la tartaruga

Bonacci editore • www.bonacci.it

UN PO' DI STORIA...

Questa **scultura** in bronzo appartiene alla Fontana delle Tartarughe e si trova in piazza Mattei, nel Ghetto, il quartiere ebraico. Le quattro tartarughe sono state rubate molte volte. Dopo l'ultimo furto si è deciso di spostarle nei Musei Capitolini: attualmente le tartarughe sono copie degli originali. Una leggenda narra che il duca Mattei, il cui palazzo si affaccia sulla piazza che ospita la fontana, fece realizzare in una sola notte la fontana per fare bella figura con il futuro suocero, che non voleva dargli in moglie sua figlia.

MODI DI DIRE ED ESPRESSIONI IDIOMATICHE

Essere una tartaruga: essere molto lento.

il guscio (o carapace)

la tartaruga

CANZONE

"La bella tartaruga" (1975)
di Bruno Lauzi

La tartaruga
un tempo fu
un animale
che correva
a testa in giù
come un siluro
filava via
che ti sembrava
un treno
sulla ferrovia
ma avvenne
un incidente
un muro la fermò
si ruppe
qualche dente
e allora rallentò.

LO SAPEVI?

La **testuggine** era una formazione di fanteria caratteristica dell'esercito romano. Gli scudi dei fanti si univano formando una protezione simile al guscio di una tartaruga.

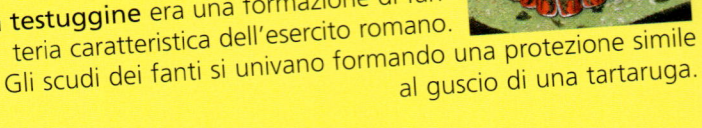

La **Tartuca** è una delle storiche contrade che partecipa al Palio di Siena.

Animali a Roma • vocabolario fotografico

Animali a Roma • vocabolario fotografico **43**

la tigre

Bonacci editore • www.bonacci.it

UN PO' DI STORIA...

Questo **mosaico** si trova all'interno dei Musei Capitolini in Campidoglio, uno dei sette colli di Roma: Aventino, Campidoglio, Celio, Esquilino, Palatino, Quirinale, Viminale.

LO SAPEVI?

L'**occhio di tigre** è una pietra semi-preziosa.

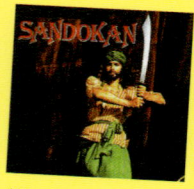

Le tigri di Mompracem è una delle opere di Emilio Salgari, con protagonista Sandokan, il pirata soprannominato "La Tigre della Malesia". Nel 1976 venne realizzato uno sceneggiato per la televisione che ebbe molto successo.

La Tigre di Cremona è il soprannome della nota cantante Mina.

gli artigli

la tigre

CHE VERSO FA?

roarrr!

La tigre **ruggisce** (verbo **ruggire**). Il verso è il **ruggito**.

UNO SCIOGLILINGUA

Prova a ripetere questa frase più volte senza fermarti:

Tre tigri contro tre tigri

MODI DI DIRE ED ESPRESSIONI IDIOMATICHE

Essere una tigre di carta: si dice di chi mette paura solo a parole.

Essere feroce come una tigre: essere molto cattivo e aggressivo.

Cavalcare la tigre: intraprendere un'impresa molto difficile, con la speranza di riuscire.

Animali a Roma • vocabolario fotografico **44**

il toro

Bonacci editore • www.bonacci.it

UN PO' DI STORIA...

Questo **mosaico** si trova nel Museo di Palazzo Massimo, una delle sedi del Museo Nazionale Romano che custodisce un'importante e bella collezione di arte classica romana.

LO SAPEVI?

La femmina del toro è la **mucca**, o **vacca**.

Il toro è il simbolo della squadra di calcio del Torino.

le corna

il toro

MODI DI DIRE ED ESPRESSIONI IDIOMATICHE

Prendere il toro per le corna: affrontare un problema con decisione. *"Dopo vari tentennamenti Gabriele ha preso il toro per le corna ed è andato dal dottore per guarire dalla sua malattia."*

Tagliare la testa al toro: prendere una decisione che risolve un problema in maniera rapida ed efficace. *"Se la tua moto si è rotta ti passo a prendere con la macchina e tagliamo la testa al toro."*

Animali a Roma • vocabolario fotografico   Bonacci editore • www.bonacci.it

Animali a Roma • vocabolario fotografico **45**

la vacca

Bonacci editore • www.bonacci.it

UN PO' DI STORIA...

Questa **scultura** si trova nel museo della Centrale di Montemartini, in via Ostiense.
Il museo si trova all'interno di una vecchia centrale elettrica costruita nei primi anni del '900.
Le sculture presenti sono esposte tra i vecchi macchinari che producevano energia elettrica, in uno scenario molto suggestivo e originale.

CHE VERSO FA?

La vacca **muggisce** (verbo **muggire**).
Il verso è il **muggito**.

muuuuu!

la vacca (o mucca)

LO SAPEVI?

Il **vitello** è il piccolo della vacca, che ha meno di un anno di età, mentre il **vitellone** è un bovino adulto tra i 12 e i 18 mesi, ingrassato per essere macellato.

Un **vitellone** è un giovane di provincia che trascorre il proprio tempo senza lavorare e dedicandosi ad attività futili.
Questo nuovo significato deriva dal titolo del celebre film di Federico Fellini "I Vitelloni", con Alberto Sordi (1953).

MODI DI DIRE ED ESPRESSIONI IDIOMATICHE

Periodo, tempi di vacche grasse, magre: periodo ricco o di miseria, secondo quanto narrato dalla Bibbia.

Stare/essere in un ventre di vacca: vivere nel benessere, nella sicurezza, senza preoccuparsi per il futuro.

Andare, finire in vacca: espressione non elegante; finire male, in maniera negativa.
"Quel progetto è andato in vacca".

Animali a Roma • vocabolario fotografico

e per finire...

la lepre

l'aragosta

la salamandra

il fagiano

UN PO' DI STORIA...

Questi tre **mosaici** raffiguranti una lepre, un'aragosta e un fagiano, si trovano all'interno di Palazzo Blumensthil, in via Vittoria Colonna, sede dell'Istituto Polacco di Cultura. La salamandra fa parte invece del cancello in **ferro battuto** del medesimo palazzo.

Bonacci editore • www.bonacci.it

e ancora...

il cavalluccio marino

l'ippogrifo

il tacchino

UN PO' DI STORIA...

Il cavalluccio marino si trova al Coppedè, l'ippogrifo in via di San Teodoro, sul colle Palatino.
Il tacchino, infine, si trova al Museo Etrusco di Valle Giulia.

Bonacci editore • www.bonacci.it

Animali a Roma • vocabolario fotografico

Bonacci editore • www.bonacci.it

Animali a Roma • vocabolario fotografico   **Bonacci** editore • www.bonacci.it

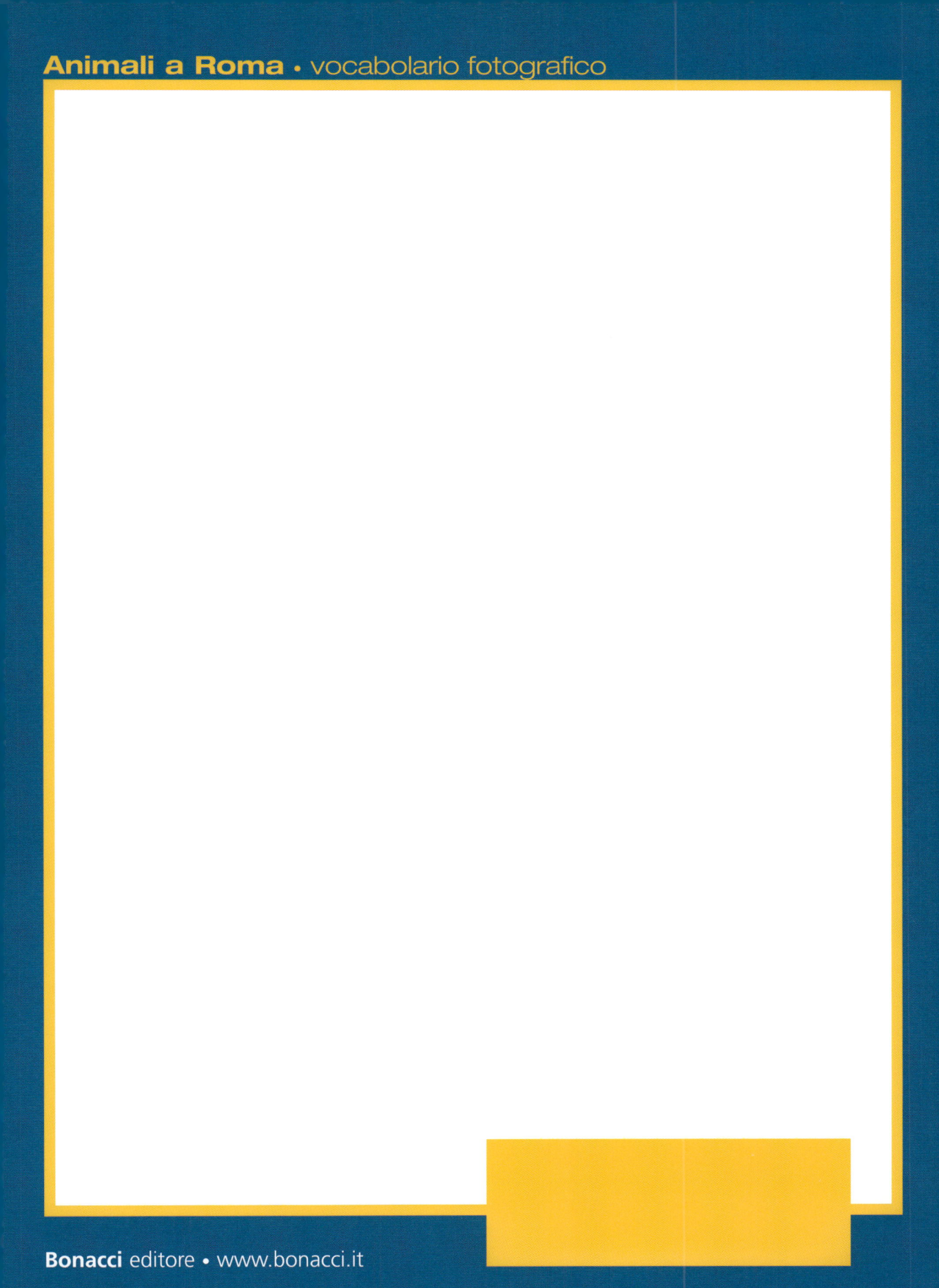

Animali a Roma • vocabolario fotografico

Bonacci editore • www.bonacci.it

Animali a Roma • vocabolario fotografico   **Bonacci** editore • www.bonacci.it

Animali a Roma · vocabolario fotografico

Bonacci editore • www.bonacci.it

Animali a Roma • vocabolario fotografico   **Bonacci** editore • www.bonacci.it

dove sono gli animali?

- 33 35 Piazza Buenos Aires
- 5 38 Coppedè
- 39
- 21 Via Mercadante
- 12
- 30 34 Villa Giulia
- 26 40 41 Villa Torlonia
- 15 17 Villa Borghese
- 16 Piazza del Popolo
- 20 Via dell'Oca
- Via Vittoria Colonna
- Tevere
- Via della Scrofa
- 28
- 3 Via delle Quatto Fontane
- 27 Piazza della Repubblica
- **San Pietro**
- Piazza Navona
- 14 24 29
- 36 37
- 18 Piazza della Minerva
- 22 Palazzo Grazioli
- 4 Piazza del Quirinale
- 2 8 13 44 Palazzo Massimo
- **Stazione Termini**
- 10 Sant'Eustachio
- 19 Via Giulia
- 7 9 43 Campidoglio
- Ghetto
- 31 42
- Giardino Botanico
- 25
- Via di San Teodoro
- **Colosseo**
- Ospedale San Giovanni
- 1
- 32 23 Trastevere
- 11 Casa del Jazz
- 6 45 Via Ostiense

Volete saperne di più sugli animali nella lingua e nella cultura italiana?

G. Stefancich

tracce di animali

nell'italiano tra lingua e cultura

Abbiamo visto in **Animali a Roma** quanto la rappresentazione grafica e scultorea di figure, appunto animali, sia agevolmente rintracciabile nelle opere d'arte che ci circondano e che tanti artisti hanno prodotto nei secoli, immortalando aspetti e comportamenti di quegli animali che hanno catturato il loro interesse, rendendoli degni di essere ritratti.

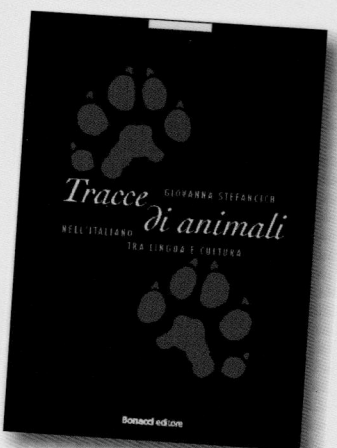

Nel controverso rapporto che abbiamo mantenuto e ancora manteniamo con gli animali, abbiamo celebrato la possanza del leone, la maestosità dell'elefante, la grazia leggiadra della farfalla. Ma ci sono anche animali meno mirabili ed eroici che pure l'uomo ha osservato con attenzione e ha paragonato con lui, nelle loro caratteristiche fisiche e comportamentali positive e negative.

Di questi animali meno "artistici" e "fotogenici" rimangono tracce considerevoli nella nostra cultura, attraverso la lingua che le ha registrate e conservate. Il "topo", ad esempio, che non compare molto nei monumenti, lo ritroviamo in tante espressioni italiane che vanno dal "topo di biblioteca" al "topo di appartamenti", da "giocare come il gatto col topo" a " i topi che sono gli ultimi ad abbandonare la nave" e così via, a testimonianza del suo frequente apparire nel raggio visivo dell'osservatore.

In **Tracce di animali** troverete questa fraseologia di frequente uso e i molti paragoni tra il mondo animale e quello dell'uomo, oltre a immagini, giochi, scherzi, barzellette, canzoncine, sempre con tema animale ed esercizi linguistici corredati dalle soluzioni.

ISBN	978-88-7573-362-9
pagine	88
formato	14,5x21 cm

L'italiano per stranieri

Albano, Barreiro e Bossa
*Danielina
e il mistero dei pantaloni smarriti*
corso di italiano a fumetti per bambini

Ambroso e Di Giovanni
L'ABC dei piccoli

Ambroso e Stefancich
Parole
10 percorsi nel lessico italiano
esercizi guidati

Anelli
Tante idee…
per (far) apprendere l'italiano

Balboni
GrammaGiochi
per giocare con la grammatica

Barki e Diadori
Pro e contro
conversare e argomentare in italiano
- **1** livello intermedio - libro dello studente
- **2** livello intermedio-avanzato - libro dello studente
- guida per l'insegnante

Barreca, Cogliandro e Murgia
Palestra italiana
esercizi di grammatica
livello elementare / intermedio

Blok-Boas, Materassi e Vedder
Letture in corso
corso di lettura di italiano
- **1** livello elementare e intermedio
- **2** livello avanzato e accademico

Bonacci e Damiani
Animali a Roma
un vocabolario fotografico
tra arte, lingua, cultura e curiosità italiane

Buttaroni
Letteratura al naturale
autori italiani contemporanei
con attività di analisi linguistica

Camalich e Temperini
Un mare di parole
letture ed esercizi di lessico italiano

Carresi, Chiarenza e Frollano
L'italiano all'Opera
attività linguistiche attraverso 15 arie famose

Chiappini e De Filippo
Un giorno in Italia 1
corso di italiano per stranieri
principianti · elementare · intermedio
- libro dello studente con esercizi + cd audio
- libro dello studente con esercizi (senza cd audio)
- guida per l'insegnante + test di verifica
- glossario in 4 lingue + chiavi degli esercizi

Chiappini e De Filippo
Un giorno in Italia 2
corso di italiano per stranieri
intermedio · avanzato
- libro dello studente con esercizi + cd audio
- libro dello studente con esercizi (senza cd audio)
- guida per l'insegnante + test + chiavi

Cini
Strategie di scrittura
quaderno di scrittura
livello intermedio

Deon, Francini e Talamo
Amor di Roma
Roma nella letteratura italiana del Novecento
testi con attività di comprensione
livello intermedio-avanzato

du Bessé
PerCORSO GUIDAto guida di **Roma**
con attività ed esercizi di italiano per stranieri

du Bessé
PerCORSO GUIDAto guida di **Firenze**
con attività ed esercizi di italiano per stranieri

du Bessé
PerCORSO GUIDAto guida di **Venezia**
con attività ed esercizi di italiano per stranieri

Gruppo CSC
Buon appetito!
tra lingua italiana e cucina regionale

Gruppo CSC
Gramm.it
grammatica italiana per stranieri
con esercizi e testi autentici

Gruppo CSC
Gramm.it for English-speakers
Italian Grammar
complete with exercises and authentic materials

Gruppo META
Uno
corso comunicativo di italiano - primo livello
- libro dello studente
- libro degli esercizi e grammatica
- guida per l'insegnante
- 3 cd audio

Gruppo META
Due
corso comunicativo di italiano - secondo livello
- libro dello studente
- libro degli esercizi e grammatica
- guida per l'insegnante
- 4 cd audio

Gruppo NAVILE
Dire, fare, capire
l'italiano come seconda lingua
- libro dello studente
- guida per l'insegnante
- 1 cd audio

*Istruzioni per l'uso
dell'italiano in classe*
- **1**: 88 suggerimenti didattici
  per attività comunicative
- **2**: 111 suggerimenti didattici
  per attività comunicative
- **3**: 22 giochi da tavolo

Maffei e Spagnesi
Ascoltami!
22 situazioni comunicative
- manuale di lavoro
- 2 cd audio

Paganini
issimo
quaderno di scrittura
livello avanzato

Pontesilli
Verbi italiani
modelli di coniugazione

Quaderno IT - n. 4
esame per la certificazione dell'italiano come L2
livello avanzato - prove del 2000 e del 2001
- volume + audiocassetta

Quaderno IT - n. 5
esame per la certificazione dell'italiano come L2
livello avanzato - prove del 2002 e del 2003
- volume + cd audio

Radicchi
In Italia
modi di dire ed espressioni idiomatiche

Stefancich
Cose d'Italia
tra lingua e cultura

Stefancich
Quante storie!
(di autori italiani contemporanei)
con proposte didattiche
livello intermedio e avanzato

Stefancich
Tracce di animali
nella lingua italiana tra lingua e cultura

Svolacchia e Kaunzner
Suoni, accento e intonazione
corso di ascolto e pronuncia
- manuale
- set 5 cd audio

Tamponi
Italiano a modello
dalla letteratura alla scrittura
livello elementare e intermedio

Tettamanti e Talini
Foto parlanti
immagini, lingua e cultura

Ulisse
Faccia a faccia
attività comunicative
livello elementare-intermedio

Urbani
Le forme del verbo italiano

Verri Menzel
La bottega dell'italiano
antologia di scrittori italiani del Novecento

Linguaggi settoriali

Ballarin e Begotti

Destinazione Italia
l'italiano per operatori turistici
- manuale di lavoro
- 1 audiocassetta

Cherubini

L'italiano per gli affari
corso comunicativo di lingua e cultura aziendale
- manuale di lavoro
- 1 audiocassetta

Dica 33
il linguaggio della medicina
- libro dello studente
- guida per l'insegnante
- 1 cd audio

L'arte del costruire
- libro dello studente
- guida per l'insegnante

Una lingua in pretura
il linguaggio del diritto
- libro dello studente
- guida per l'insegnante
- 1 cd audio

Classici italiani per stranieri
testi con parafrasi a fronte* e note

1. Leopardi • **Poesie***
2. Boccaccio • **Cinque novelle***
3. Machiavelli • **Il principe***
4. Foscolo • **Sepolcri e sonetti***
5. Pirandello • **Così è (se vi pare)**
6. D'Annunzio • **Poesie***
7. D'Annunzio • **Novelle**
8. Verga • **Novelle**
9. Pascoli • **Poesie***
10. Manzoni • **Inni, odi e cori***
11. Petrarca • **Poesie***
12. Dante • **Inferno***
13. Dante • **Purgatorio***
14. Dante • **Paradiso***
15. Goldoni • **La locandiera**
16. Svevo • **Una burla riuscita**

Libretti d'Opera per stranieri
testi con parafrasi a fronte* e note

1. **La Traviata***
2. **Cavalleria rusticana***
3. **Rigoletto***
4. **La Bohème***
5. **Il barbiere di Siviglia***
6. **Tosca***
7. **Le nozze di Figaro**
8. **Don Giovanni**
9. **Così fan tutte**
10. **Otello***

Letture italiane per stranieri

1. Marretta • **Pronto, commissario...? 1**
   16 racconti gialli con soluzione ed esercizi per la comprensione del testo

2. Marretta • **Pronto, commissario...? 2**
   16 racconti gialli con soluzione ed esercizi per la comprensione del testo

3. Marretta • **Elementare, commissario!**
   8 racconti gialli con soluzione ed esercizi per la comprensione del testo

Mosaico italiano

1. Santoni • *La straniera* (liv. 2/4)
2. Nabboli • *Una spiaggia rischiosa* (liv. 1/4)
3. Nencini • *Giallo a Cortina* (liv. 2/4)
4. Nencini • *Il mistero del quadro di Porta Portese* (liv. 3/4)
5. Santoni • *Primavera a Roma* (liv. 1/4)
6. Castellazzo • *Premio letterario* (liv. 4/4)
7. Andres • *Due estati a Siena* (liv. 3/4)
8. Nabboli • *Due storie* (liv. 1/4)
9. Santoni • *Ferie pericolose* (liv. 3/4)
10. Andres • *Margherita e gli altri* (liv. 2-3/4)
11. Medaglia • *Il mondo di Giulietta* (liv. 1/4)
12. Caburlotto • *Hacker per caso* (liv. 4/4)
13. Brivio • *Rapito!* (liv. 1/4)

Pubblicazioni di glottodidattica

Pallotti - A.I.P.I. Associazione Interculturale Polo Interetnico
Imparare e insegnare l'italiano come seconda lingua
un percorso di formazione
• DVD + libro

Progetto ITALS

L'italiano nel mondo
a cura di Balboni e Santipolo

CEDILS. Certificazione in didattica dell'italiano a stranieri
a cura di Serragiotto

Il 'lettore' di italiano all'estero
a cura di Pavan

I libri dell'arco

1. Balboni
Didattica dell'italiano a stranieri

2. Diadori
L'italiano televisivo

3. *Test d'ingresso di italiano per stranieri*
a cura di Micheli

4. Benucci
La grammatica nell'insegnamento dell'italiano a stranieri

5. AA.VV.
Curricolo d'italiano per stranieri

6. Coveri, Benucci e Diadori
Le varietà dell'italiano

Bonacci editore